Ramona van Zadel
Materialien und Kopiervorlagen
zur Klassenlektüre

Barbara Peters / Fides Friedeberg

Papa kennt den Weg

Hase und Igel®

Inhalt

www.hase-und-igel.de
Lektorat: Eva Christian
Illustrationen: Fides Friedeberg, Petra Dorkenwald (S. 17 und 32)
Satz: Appel Grafik München GmbH
Druck: Joh. Walch GmbH & Co. KG, Augsburg

ISBN 978-3-86316-251-1

Das Buch

Die Kinderbücher von Barbara Peters zeichnen sich durch alltagsnahe Situationen sowie durch eine altersgerechte und zugleich lebendige Sprache aus. Dies gilt auch für „Papa kennt den Weg“. Janna, Marie und ihr kleiner Bruder Tim machen mit ihren Eltern einen Ausflug. Bei einer Wanderung wollen sie einen Rundweg über Wiesen und durch den Wald laufen. Janna hat Angst, dass sie sich verirren, doch Papa hat eine Karte mitgenommen. So verläuft der Ausflug zunächst sehr idyllisch und angenehm. Nach einer Pause, bei der sich alle stärken und Marie einen großen Blumenstrauß pflückt, ist sich die Familie jedoch uneinig, welcher Weg sie zurück zum Auto führt. Papa glaubt, eine Abkürzung zu kennen, und die anderen folgen schließlich seinem Vorschlag. Sie wandern sehr lange, bis Papa an einer Kreuzung zugibt, falsch abgebogen zu sein. Sie haben sich tatsächlich verlaufen. Zum Glück kann Marie helfen. Sie erkennt die Stelle wieder, an der die Familie Pause gemacht hat. Von dort aus führt das Mädchen alle zum Auto zurück. Zufrieden fahren sie nach dem ereignisreichen Ausflug nach Hause.

Die Ganzschrift „Papa kennt den Weg“ bietet sich aufgrund der kurzen, einfachen Sätze und der großen Schrift für Leseanfänger an und ist bereits ab Ende der ersten Klasse einsetzbar. Dazu passt sehr gut, dass die Geschichte im Frühling oder im Sommer spielt. In die alltagsnahe Situation eines Familienausflugs ins Grüne können sich die Kinder leicht hineinversetzen.

Die ansprechenden Illustrationen von Fides Friedeberg sind sachgenau und unterstützen die Kinder dabei, den Inhalt des gelesenen Textes zu erfassen.

Das Material

Das vorliegende Material umfasst einen Lehrerteil und zwanzig Kopiervorlagen. Im Lehrerteil finden Sie neben den Zusammenfassungen der einzelnen Handlungsabschnitte auch Gesprächs- und Schreibanlässe sowie Hinweise, Lösungen und weiterführende Anregungen zu den Kopiervorlagen. Außerdem gibt es Unterrichtsvorschläge, die sich auf größere Abschnitte beziehen.

Zahlreiche Aufgaben schulen das Leseverständnis und ermöglichen eine vertiefende kreative Auseinandersetzung mit den Themen der Lektüre. Unter anderem lernen die Kinder ein Gedicht kennen und schreiben es weiter, sie überlegen, welche Dinge auf einen Wanderausflug mitgenommen werden, und stellen fest, welche rechtschriftlichen Besonderheiten es bei Wörtern rund um die Natur sowie bei Wörtern mit „ck“ gibt.

Darüber hinaus wird das Thema „Wald“ fächerübergreifend auf vielfältige Art aufgegriffen, wenn es beispielsweise um Regeln zum Verhalten im Wald oder um Symbole auf Wanderkarten geht. Bei den weiterführenden Anregungen und Unterrichtsvorschlägen finden Sie außerdem verschiedene Ideen für den Kunstunterricht sowie mehrere Bewegungsspiele.

Die Symbolleiste auf jeder Kopiervorlage zeigt an, welche Arbeitstechniken jeweils im Vordergrund stehen:

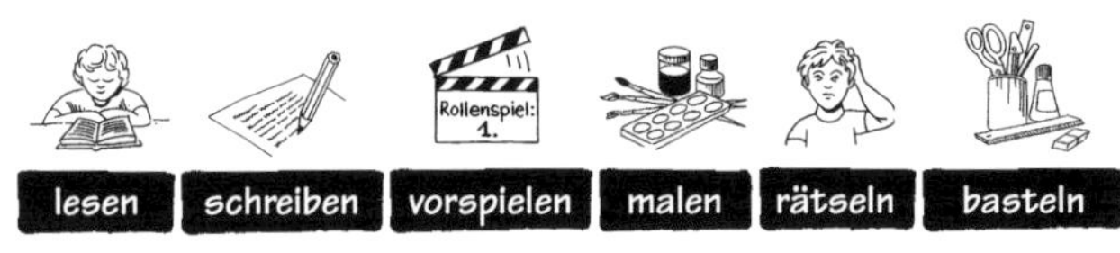

Ich wünsche Ihnen und Ihrer Klasse viel Spaß mit der Lektüre rund um den spannenden Familienausflug!

Ramona van Zadel

Vor der Lektüre

Zur Einführung des Buches unterteilen Sie die Klasse in Gruppen mit etwa vier bis sechs Schülern und geben jeder einen Briefumschlag mit dem auseinandergeschnittenen Puzzle von der Kopiervorlage auf Seite 13. Die Gruppen fügen ihr Bild zusammen. Anschließend überlegen die Kinder Antworten auf folgende Fragen, die Sie an der Tafel notiert und gemeinsam besprochen haben:

- Was seht ihr?
- Was könnte der Titel bedeuten?
- Welche Geschichte steckt wohl dahinter?

Die Gruppen stellen ihre Gedanken im Plenum vor. Zum Abschluss zeigen Sie das Buch „Papa kennt den Weg“.

Hinweise zu den Kopiervorlagen

Papa kennt den Weg

Die Wanderkarte ist ein zentrales Element der Lektüre und daher ideal für den Einstieg in das Buch geeignet. Dazu wird sie als Puzzle für die Gruppenarbeit angeboten. Auf der Kopiervorlage sind keine Trennlinien vorgegeben, damit Sie je nach Leistungsniveau der Schüler selbst entscheiden können, in wie viele Teile Sie die Vorlage zerschneiden.

Weiterführende Anregungen

- Als Alternative zu den Gruppenpuzzles können Sie die Kopiervorlage mit der Wanderkarte für den Einstieg vergrößert kopieren und in so viele Stücke schneiden, dass jedes Kind der Klasse ein Puzzleteil erhält. Gemeinsam setzen die Schüler das Bild zusammen.
- Sie können auch eine echte Wanderkarte oder den Ausdruck der Karte eines Waldes in Ihrer Nähe verwenden. In Farbe erkennen die Kinder noch schneller, dass es sich um eine Wanderkarte handelt.

Auf dem Buchumschlag entdeckt

Der Umschlag eines Buches ist das Erste, was wir davon wahrnehmen. Oftmals bilden sich junge Leser basierend auf dem Titelbild eine Meinung dazu, ob ihnen das Buch gefallen könnte. Um ihnen mehr Orientierung für ein fundiertes Urteil zu bieten, zeigt diese Kopiervorlage den Aufbau des Umschlags. Mit den „Expertenkarten“ erfahren die Kinder, was es auf dem Umschlag zu entdecken gibt. Zur Differenzierung können schnellere Schüler den Buchrücken unter die Lupe nehmen und zusätzliche Pfeile zu den richtigen Schreiblinien ziehen. Führen Sie danach den „Erster-Eindruck-Check“ durch.

- Was gefällt mir gut am Umschlag?
- Spricht mich das Thema an?
- Habe ich schon Erfahrungen mit dem Thema?

Lösung

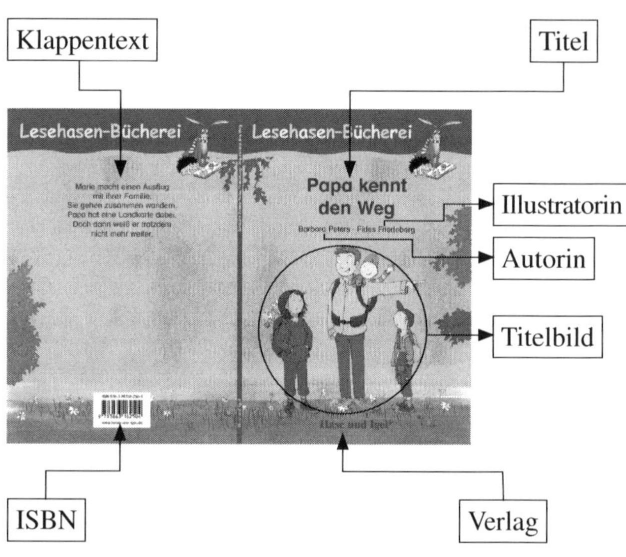

Weiterführende Anregung

Nach der Bearbeitung des Blattes können die Schüler sich weitere Bücher aus der Klassen- oder Schulbücherei ansehen. Sie entdecken, dass sich die Anordnung der Elemente auf den Buchumschlägen unterscheiden kann, der grundsätzliche Aufbau aber immer derselbe ist.

Seite 5 bis 9: **Aufbruch zum Ausflug**

Inhalt

Die Schwestern Janna und Marie warten abfahrbereit auf ihre Familie. Während die Mutter noch letzte Vorbereitungen in der Küche trifft, wickelt der Vater ihren Bruder Tim. Endlich fahren sie mit dem Auto los. Am Waldrand angekommen, nehmen die Mädchen und Mama ihre Rucksäcke, Papa trägt Tim.

Gesprächs- und Schreibanlässe

Wir lernen Janna, Marie, Tim und ihre Eltern kennen.

- Erzähle davon, mit wem du zu Hause lebst.
- Was findest du an Geschwistern toll / manchmal nicht so gut?

Die Familie will einen Wanderausflug machen.
- Welche Ausflüge unternimmst du mit deiner Familie?
- Was gefällt dir besonders gut daran? Was nicht?
- Wann warst du zuletzt in einem Wald? Was hast du dort erlebt?

Hinweise zu den Kopiervorlagen

Meine Familie
Zuerst schreiben die Kinder die Namen der Familienmitglieder auf, die sie auf den ersten Seiten der Lektüre kennenlernen. Im Anschluss sollen sie ihre eigene Familie malen und die Personen benennen. Außerdem überlegen und verschriftlichen sie, was sie an ihrer Familie mögen und was sie gemeinsam unternehmen.

Lösung
Aufgabe 1:

Weiterführende Anregung
Das Thema „Familie" kann im Sachunterricht und in Ethik weitergeführt werden. Lassen Sie die Schüler ihre Familie vorstellen. Manche Kinder werden wahrscheinlich ihre Haustiere als Familienmitglied betrachten. Außerdem können Konstellationen wie Patchwork- oder Regenbogenfamilie, Alleinerziehende, Klein- und Großfamilie zur Sprache kommen. Machen Sie deutlich, dass es hier kein Richtig und kein Falsch gibt. Gehen Sie auch auf die Aufgabenverteilung innerhalb einer Familie ein.

Alles eingepackt
Als Hinführung spielen Sie mit der Klasse das Spiel „Ich packe meinen Rucksack" nach dem Vorbild von „Ich packe meinen Koffer". Anschließend fragen Sie die Kinder, ob wirklich all die genannten Dinge zu einer Wanderung mitgenommen werden sollten. Die Schüler erhalten dann die Arbeitsblätter. Zuerst schneiden sie den Wanderrucksack aus. Dieser wird nach Anleitung gefaltet. Nun schneiden die Kinder die Bildkarten aus und kleben jene in den Rucksack, die etwas zeigen, das sie mitnehmen würden. Zur Differenzierung können Schüler, die schneller fertig sind, die Gegenstände ins Heft schreiben.

Bei der vierten Aufgabe bringen die Kinder die Vorbereitungen für einen Waldausflug in die richtige Reihenfolge, indem sie die Sätze nummerieren.

Lösung
Aufgabe 2:
In den Wanderrucksack gehören Apfel, Brot, Erste-Hilfe-Set, Fernglas, Trinkflasche und Wanderkarte. Die Wanderstöcke werden außen am Rucksack angeklebt.

Aufgabe 3:
z. B. Fotoapparat, Kaugummi, T-Shirt, Buch zum Bestimmen von Pflanzen

Aufgabe 4:
1. Zuerst ziehe ich eine lange Hose an. Im Wald gibt es Zecken.
2. Als Zweites hole ich für den Ausflug einen großen Rucksack.
3. In den Rucksack packe ich Essen und Getränke.
4. Der Rucksack ist fertig gepackt. Im Wald ist es kalt. Deshalb nehme ich eine Jacke mit.
5. Bevor ich meine Schuhe anziehe, gehe ich noch einmal auf die Toilette.
6. Zum Schluss ziehe ich feste Schuhe an. Jetzt kann der Ausflug beginnen!

Seite 10 bis 13:
Papa sagt, wo es langgeht

Inhalt

Papa erklärt, dass sie einen großen Rundweg gehen wollen. Janna ist besorgt, dass sie sich verlaufen könnten. Papa zeigt seine Wanderkarte, doch die vielen Linien und Flecken versteht Janna nicht.

Gesprächs- und Schreibanlässe

Janna ist besorgt.
- Worüber machst du dir manchmal Sorgen? Was hilft dir dann?
- Was könntest du Janna sagen, damit sie sich keine Sorgen mehr macht?

Papa zeigt seine Wanderkarte.
- Wo hast du schon einmal eine Landkarte gesehen?
- Welche anderen Landkarten kennst du?
- Was für Informationen findet man auf einer Landkarte?

Hinweise zu den Kopiervorlagen

KV Seite 18

Der Leseweg

Hiermit können Sie das Textverständnis der Kinder überprüfen. Die Kärtchen werden ausgeschnitten und in der richtigen Reihenfolge aufgeklebt. Als Selbstkontrolle ergibt sich aus den angegebenen Buchstaben ein Lösungswort.

Lösung

Aufgabe 1:

1. Janna und Marie warten an der Tür. Sie wollen endlich los.
2. Mama packt ihren Rucksack. Papa wickelt Tim.
3. Mit dem Auto fährt die Familie zum Wald.
4. Papa setzt Tim in die Trage. Die anderen nehmen ihre Rucksäcke.
5. Die Familie möchte durch den Wald und über die Wiesen laufen.
6. Janna ist besorgt. Sie weiß nicht, wie sie den Weg finden sollen.
7. Papa zeigt eine Wanderkarte. Darauf sind bunte Flecken und Linien.

Aufgabe 2:

Die Familie macht einen <u>Ausflug</u>.

Es gibt Regeln

Mit dieser Kopiervorlage werden die Kinder an das richtige Verhalten im Wald herangeführt. Sie sollen entscheiden, ob eine Aussage stimmt oder nicht. Haben die Schüler die Aufgabe korrekt gelöst, erhalten sie einen Lösungssatz.

Auf der Wanderkarte (Seite 12/13 im Buch) gibt es verschiedenfarbige Flecken und Linien. Die Kinder überlegen, wofür sie stehen könnten. Zeigen Sie weitere Landkarten und lassen Sie die Schüler Gemeinsamkeiten und Unterschiede feststellen.

Lesen Sie dann folgenden Text vor: „Für das Anlegen einer Karte muss man zunächst wissen, wie es in einer Gegend aussieht. Man schaut, welche Straßen, Flüsse oder Seen es gibt, ob ein Dorf oder eine Stadt in dem Gebiet liegt oder ob es Berge gibt. Das alles wird genau vermessen und dann in einfacher Form verkleinert auf die Karte gezeichnet. Ein Fluss ist z. B. eine mal dünnere, mal etwas stärkere blaue Linie. Wie genau eine Karte ist, hängt von ihrem Maßstab ab. Bei Wanderkarten, die einen größeren Maßstab haben, sind manchmal sogar einzelne Häuser eingezeichnet. Karten, die z. B. ganz Deutschland zeigen, haben einen kleineren Maßstab. Hier sind beispielsweise Bäche und kleine Teiche nicht zu sehen."

Besprechen Sie anschließend im Plenum die Aufgabe 3.

Lösung

Aufgabe 1:

	ja	nein
1. Lass keinen Müll liegen.	X	
2. Man darf mit dem Auto in den Wald fahren.		X
3. Du darfst alles abreißen, was dir gefällt.		X
4. Verhalte dich leise im Wald.	X	
5. Bleibe auf vorgegebenen Wegen.	X	
6. Mit der Trillerpfeife lockst du Tiere zu dir.		X
7. Entfache kein Feuer.	X	
8. Nimm Rücksicht auf andere Waldbesucher.	X	

Aufgabe 2:

DU VERHÄLTST DICH <u>RICHTIG!</u>

Aufgabe 3:

blaue Linie: ein Fluss
blaue Flecken: Seen und Teiche
grüne Flecken: Wiesen und Wälder
graue Flecken: Dörfer und Städte
weiße und gelbe Linien: Straßen
schwarze Linien: Wege

Weiterführende Anregungen

- Besprechen Sie die Himmelsrichtungen und die Nordausrichtung von Karten.
- Sammeln Sie mit den Kindern Piktogramme von Landkartenlegenden. Klären Sie deren Bedeutung und legen Sie mit den Schülern ein Plakat zur Erläuterung der Symbole an. Gehen Sie auch der Frage nach, wie man Berge oder den Steigungsgrad von Wegen an einer Karte abliest. Hierbei ist auf Höhenlinien zu achten: Je enger diese beieinanderliegen, desto steiler ist der Weg.

Jacke und Flecken

Die Lektüre enthält einige Wörter mit „ck", z. B. Rucksack, Jacke oder Flecken. Die Schreibung dieser Begriffe steht im Fokus dieser Kopiervorlage. Zuerst schreiben die Kinder in den Rucksack selbst gefundene „ck“-Wörter. Ermutigen Sie sie, dabei nicht nur nach Nomen zu suchen: Etwas ist nicht sauber, sondern …? Was macht die Ziege? Tragen Sie die Begriffe im Plenum zusammen, halten Sie diese an der Tafel fest und markieren Sie das „ck“. Überlegen Sie gemeinsam, ob der Vokal davor lang oder kurz klingt. Unter einem kurzen Vokal wird ein Punkt gesetzt. Schreiben Sie anschließend die Regel „Vor jedem ck steht ein kurzer Vokal“ an die Tafel.

Lösung
Aufgabe 1:
z. B. Decke, dreckig, Ecke, entdecken, Fleck, Hecke, Jacke, lecker, Lücke, meckern, Mücke, Rucksack, Schnecke, Socken, stecken, Stock

Aufgabe 2:
Socken, trocken, hocken, z. B. Flocken
schicken, nicken, picken, z. B. stricken
Jacken, packen, backen, z. B. hacken
Schnecke, Hecke, Decke, z. B. Strecke
Stock, Rock, Block, z. B. Schock
Mücken, Brücken, Rücken, z. B. pflücken

Natur im Blick

Als Vorbereitung zu dieser Kopiervorlage brauchen Sie pro Schüler fünf leere Wortkarten (ca. DIN-A8-Format). Basteln Sie mit den Kindern außerdem einen Umschlag aus (farbigem) DIN-A5-Papier nach folgender Anleitung.

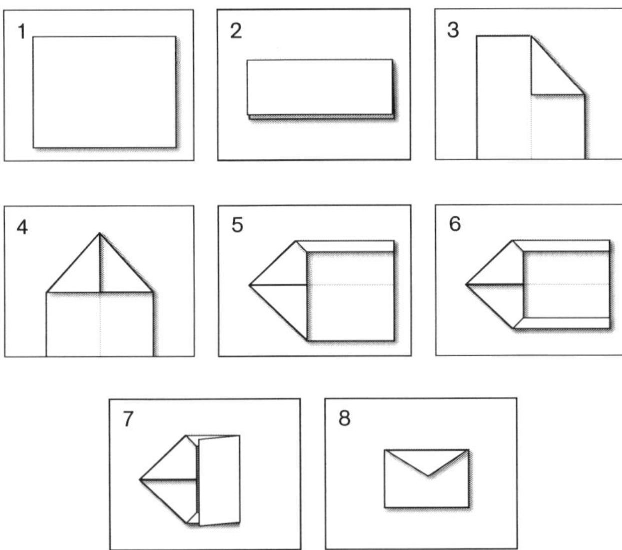

Nach dem Falten werden die Seiten des Umschlags aneinandergeklebt, damit nichts herausfallen kann.

Nun lesen die Schüler die Seiten 10 bis 13 der Lektüre und schreiben die fünf Wörter, die zur Natur passen, auf Karten. Als „Naturwörter“ können Pflanzen und Tiere, aber auch das Wetter oder Landschaftsformen verstanden werden. Die gesammelten Wörter werden in den Umschlag gelegt.

Bei der dritten Aufgabe wird jedes Wort auf seine Schreibweise untersucht. Drucken Sie dazu die Naturwörter auf einzelne DIN-A4-Seiten. Präsentieren Sie diese den Schülern und führen Sie dabei auf der Rückseite eine ausgeschaltete Taschenlampe an dem Wort entlang. Entdecken die Kinder eine „Aufpass-Stelle“, also einen Buchstaben oder eine Buchstabenfolge, auf die hinsichtlich der Rechtschreibung besonders geachtet werden muss, wird die Taschenlampe eingeschaltet. Der gelbe Lichtkreis erhellt diese Stelle. Die Schüler schreiben die Wörter nun in die Zeilen unter Aufgabe 3 und markieren auch dort die Aufpass-Stelle gelb. Abschließend fügen die Kinder Silbenbogen hinzu.

Lösung
Aufgabe 2:
wandern, Wald, Wiesen, Wanderkarte, Weg

Aufgaben 3 und 4:
wand<u>ern</u>, Wal<u>d</u>, W<u>ie</u>sen, Wanderkar<u>te</u>, We<u>g</u>

Weiterführende Anregungen

- Auch beim Weiterlesen der Lektüre kann nach Wörtern, die zur Natur gehören, Ausschau gehalten werden. Finden die Kinder ein Wort, wird es auf eine Wortkarte geschrieben und in den Umschlag gelegt. Geeignete Wörter sind z. B. wachsen, Blumen, Strauß, pflücken (Seite 15), Sonne (Seite 19), Gräben (Seite 23), Bäume, Büsche, Steine (Seite 30).
- Mit verschiedenen Übungen kann die Schreibung der Begriffe trainiert werden. Lassen Sie die Schüler die Wörter z. B. nach und nach aufbauen („W“, „Wa“, „Wal“, „Wald“) oder ein Partnerdiktat durchführen. Außerdem bietet sich hinsichtlich der Auslautverhärtung das Verlängern der Wörter (z. B. Wald – Wälder) als Strategie an.

Weiterer Unterrichtsvorschlag

Im Kunstunterricht gestalten die Kinder eigene Wanderkarten. Geben Sie dazu Kopien von See- oder Mondkarten aus. Die Schüler färben vorhandene „Flecken“ mit verschiedenen Farben ein. Dafür bieten sich Kreiden, Wachsmalstifte oder Wassermalfarben an. Auch farbige Linien können durch das Bild verlaufen. Eine weitere Möglichkeit ist das Erstellen einer Collage aus verschiedenen Materialien wie Folien, Geschenkpapier, Stoff oder Wolle. Die Farben müssen nicht naturgetreu sein. So kann eine Wanderkarte von einem fernen Planeten entstehen. In einer Legende erklären die Kinder ihre Karte.

Seite 14 bis 17: **Eine abwechslungsreiche Wanderung**

Inhalt

Die Familie wandert los. Mama verspricht Marie, dass sie bei einer Pause einen Strauß Blumen pflücken kann. Während Janna sich immer noch Sorgen wegen des Weges macht, bekommt Tim Hunger. So schlägt Mama nach einiger Zeit vor, die angekündigte Pause einzulegen.

Gesprächs- oder Schreibanlass

Die Familie beginnt ihre Wanderung.

- Beschreibe, was die Familie sieht, hört und riecht.
- Wie könnte ein Waldtier die menschlichen Besucher wahrnehmen?

Hinweise zu den Kopiervorlagen

Unterwegs sein

Die Lektüre bietet Anknüpfungsmöglichkeiten, um mit den Schülern über das Wortfeld „gehen" zu sprechen. Als Hinführung dient Aufgabe 1, bei der die Kinder die fehlenden Wörter aus dem Buch abschreiben. In allen drei Fällen handelt es sich um Verben der Fortbewegung.

Beim folgenden Arbeitsauftrag sollen die Schüler mit einem Partner oder in der Gruppe weitere Begriffe aus dem Wortfeld „gehen" finden. Fehlende Wörter ergänzen die Kinder während der gemeinsamen Auswertung. Dazu werden alle Vorschläge an der Tafel präsentiert.

Als Vorbereitung für die dritte Aufgabe können die Wörter an der Tafel in drei Kategorien gegliedert werden: in Verben, die entweder eine schnelle oder eine langsame Bewegung anzeigen, sowie in solche, die keine Rückschlüsse auf das Tempo zulassen oder ein durchschnittliches Tempo vermuten lassen.

Lösung

Aufgabe 1:
Mama, Papa, Janna und Marie gehen los.
Sie laufen in den Wald hinein.
Dann wandern sie über eine Wiese.

Aufgabe 2:
z. B. eilen, hetzen, hüpfen, kriechen, rasen, rennen, sausen, schleichen, schlendern, schlurfen, spazieren

Aufgabe 3:
schnell (rot): z. B. eilen, hetzen, rasen, rennen, sausen
langsam (grün): z. B. kriechen, schleichen, schlendern, schlurfen
übrig bleiben z. B. hüpfen, spazieren

Gefühle im Gesicht

Gefühle zu erkennen, ist wichtig für die sozial-emotionale Entwicklung. Mit dieser Kopiervorlage üben sich die Kinder darin, Gefühle von Gesichtern abzulesen, indem sie Augen und Mund beobachten und beschreiben. Zuerst nehmen sie Jannas Perspektive ein und verschriftlichen ihre Besorgnis, sich zu verirren. Anschließend schreiben sie weitere Gefühle auf.

In Aufgabe 3 spielen die Kinder mit einem Partner „Gefühle zeigen". Dabei werden Augen und Mund beobachtet und notiert, was dort zu sehen ist. Als Vorbereitung besprechen Sie mit der Klasse zwei Gefühle mit einem „Zeigekind". Gehen Sie auf die Veränderungen der Augen und des Mundes ein. Dies baut den benötigten Wortschatz für die selbstständige Bearbeitung der Aufgabe auf.

Lösung

Aufgabe 1:
„Und wenn wir uns verirren?"

Aufgabe 2:
z. B. Angst, Begeisterung, Ekel, Erleichterung, Freude, Frustration, Neid, Trauer, Überraschung, Wut

Aufgabe 3:
z. B. Ekel: Die Augen sind schmal. Die Mundwinkel zeigen nach unten.
Freude: Die Augen sind groß und offen. Der Mund lacht.
Überraschung: Die Augen sind weit aufgerissen. Der Mund ist offen.
Wut: Die Augen sind zusammengekniffen. Die Zähne sind zu sehen.

KV Seite 24

Ein Spaziergang

Das Gedicht auf dieser Kopiervorlage ist durch die einfachen Reime und die bildhafte Sprache gut für Leseanfänger geeignet. Die Kinder ordnen die Reimwörter richtig zu und führen damit das Gedicht weiter. Anschließend können sie sich passende Bewegungen zu den Versen überlegen. Lassen Sie die Schüler diese vorführen und legen Sie fest, welche Bewegungen für alle übernommen werden. So kann das Gedicht zu einer Bewegungsgeschichte ausgestaltet werden.

Lösung

Aufgabe 2:

Aus ihrem Loch huscht schnell heraus,
die freche kleine, graue Maus.
Die Raupe kriecht über den Ast,
danach macht sie ein wenig Rast.
Der schwarze Käfer ist schon satt,
er hat gefressen von dem Blatt.
Ein bunter Falter fliegt umher,
das fällt ihm wirklich gar nicht schwer.
Zum Schluss wird uns ein wenig bange –
ssss! Denn über'n Weg kriecht eine Schlange.

Weiterführende Anregungen

- Lassen Sie die Kinder Akrosticha erstellen. Differenzierung ist durch die Wahl des Ausgangswortes möglich. Passend zum Thema bieten sich z. B. „Wald", „Natur" oder „Ausflug" an.
- In Kleingruppen gestalten die Schüler ein Wald- oder Natur-Abc. Dazu suchen sie zu jedem Buchstaben des Alphabets ein Wort, das zum Thema „Wald" oder „Natur" passt. Als Hilfsmittel können neben der Lektüre auch Wörter- und Sachbücher dienen. Die gefundenen Begriffe werden in alphabetischer Reihenfolge auf ein Plakat geschrieben und passend illustriert.

Seite 18 bis 21:
Entspannte Rast

Inhalt

Da alle Hunger und Durst haben, macht die Familie eine Pause. Marie pflückt einen großen Blumenstrauß. Als es weitergeht, sagt Mama, dass sie nach rechts laufen müssen. Papa schaut auf seine Wanderkarte und meint dann, der Weg nach links sei kürzer.

Gesprächs- und Schreibanlässe

Die Familie macht eine Pause.

- Erzähle von deinem letzten Picknick. Wo war das? Was gab es zu essen?
- Wie könnte ein Mitternachtspicknick ablaufen?

Marie pflückt einen Strauß Blumen.

- Welche Blumen kennst du?
- Zu welchen Anlässen verschenken wir Blumen?
- Überlege dir einen Blumenkranz fürs Haar. Beschreibe ihn und erzähle, für wen du ihn flechten würdest.

Hinweise zu den Kopiervorlagen

Picknickpause

Zuerst bringen die Kinder die Sätze durch Nummerieren in die richtige Reihenfolge, wodurch das Leseverständnis überprüft wird. Im Rahmen der dritten Aufgabe sollen die Schüler auf eine Picknickdecke malen und schreiben, was die Familie in der Lektüre isst und trinkt. Lassen Sie dies im Anschluss durch Lebensmittel ergänzen, die die Schüler selbst gern zu einem Picknick mitnehmen würden.

Lösung

Aufgabe 1:

1. Alle haben Hunger und Durst. Deshalb essen und trinken sie.
2. Dabei sitzen sie in der Sonne.
3. Danach pflückt Marie einen Strauß Blumen.
4. Später wollen sie weiterwandern.
5. Mama zeigt nach rechts. Das ist der Weg zum Auto.
6. Papa schaut auf die Karte. Er zeigt nach links.

Aufgabe 2:

MARIE PFLÜCKT BLUMEN.

Aufgabe 3:

Äpfel, Brote, Saft

Schau genau!

Hier wird das Wahrnehmungsvermögen der Kinder gefördert. Bei Aufgabe 1 ist genaues Hinschauen gefragt, wenn es gilt, acht Fehler im Bild zu finden. In der darauffolgenden Aufgabe geht es um das Erkennen und Fortführen von Mustern. Zuerst malen die Schüler die Felder mit Zahlen wie angegeben aus, dann setzen sie das entstandene Blumenmuster fort.

Lösung
Aufgabe 1:

KV Seite 27

Wo ist …?

Als Einstieg in diese Kopiervorlage zur Orientierung im Raum eignet sich das Lied „Links und rechts" von Rolf Zuckowski. Bei der ersten Aufgabe sehen die Kinder ein Bildgitter mit neun Feldern und beschreiben, in welcher Lagebeziehung die Bilder zueinander stehen. Es gibt immer mehrere Lösungsmöglichkeiten. Die Aufgabe kann auch mit einem Partner zunächst mündlich bearbeitet werden. Ein Schüler fragt, wo ein bestimmtes Bild zu sehen ist, und der andere antwortet unter Zuhilfenahme der vorgegebenen Wörter.

Die Rechts-links-Orientierung wird anschließend gezielt geübt, indem die Kinder die Perspektive von Janna einnehmen und aufschreiben, was sie links bzw. rechts von sich sieht. Mit dem Wechsel zur Perspektive von Marie überlegen die Schüler, was sich ändert, und stellen fest, dass die Verhältnisse nun genau umgekehrt sind.

Lösung
Aufgabe 1:
z. B. Der Baum ist links von den Blumen.
Der Busch ist unter der Biene.
Das Auto ist rechts von den Blumen.
Die Biene ist über dem Busch.
Die Blumen sind zwischen Baum und Auto.
Die Puppe ist rechts von den Häusern.
Die Schuhe sind in der Mitte.
Die Häuser sind rechts vom Busch.

Aufgabe 2:
Janna sieht links eine Maus, ein Blatt und drei Blumen. Rechts sieht sie einen Pilz, einen Ast und eine Schnecke.
Marie sieht rechts eine Maus, ein Blatt und drei Blumen. Links sieht sie einen Pilz, einen Ast und eine Schnecke.

Weiterführende Anregungen

- Spielen Sie mit Ihrer Klasse „Wo ist mein Schatz?". Alle Kinder schließen die Augen und stellen sich die Wegbeschreibung vor, die Sie laut ansagen. Suchen Sie sich dafür einen Ort in Ihrem Schulgebäude aus und führen Sie die Schüler in Gedanken dorthin, z. B.: „Ich gehe aus dem Klassenzimmer und drehe mich nach rechts. Dann laufe ich geradeaus bis zur Treppe. Ich gehe zwei Treppen nach oben und drehe mich nach links. Ich gehe geradeaus bis zur Tür. Wo ist mein Schatz versteckt?" Die Kinder können auch selbst einen „Schatz" verstecken und von ihren Mitschülern auf ähnliche Weise suchen lassen.
- Eine weitere Übung zur Raumorientierung und Perspektive ist es, das Klassenzimmer in einem Schuhkarton nachzugestalten. Bauklötzchen können dabei als Tische und Stühle dienen, die Tafel, Regale etc. werden an die Innenseite des Kartons gemalt.
- Führen Sie ein Hördiktat durch: Die Kinder malen das, was Sie vorlesen. Verwenden Sie dazu beispielsweise den folgenden Text: „In der Mitte des Bildes steht eine Tanne. Über der Tanne ist eine Wolke. Rechts neben der Wolke sieht man die Sonne. Links neben der Tanne steht eine Sitzbank. Unter der Sitzbank wächst eine Blume." Danach wird gemeinsam kontrolliert.

Weiterer Unterrichtsvorschlag

Lassen Sie die Schüler im Kunstunterricht ein Stillleben von einer Vase mit Wiesenblumen malen. Die Aufgabe schult insbesondere bei einem größeren Strauß das genaue Hinsehen. In diesem Zusammenhang bietet es sich auch an, den Künstler Vincent van Gogh mit seinen zahlreichen Blumenstillleben vorzustellen.

Seite 22 bis 27:
Papa nimmt den falschen Weg

Inhalt

Die Familie läuft lange weiter, bis Papa an einer Kreuzung feststellt, dass sie falsch abgebogen sind. Janna macht sich große Sorgen. Da fällt Marie auf, dass sie weiß, wo sie sind, und den Weg zurück zum Auto kennt.

Gesprächs- und Schreibanlässe

Die Familie hat sich verlaufen.

- Hast du dich schon mal verirrt? Was hast du dann gemacht? Erzähle.
- Sammle Tipps, wie du dich verhalten solltest, wenn du dich im Kaufhaus, in der Stadt oder im Zoo verläufst.
- Welche Möglichkeiten kennst du, um dich im Wald zu orientieren?

Janna und Marie sind müde vom Laufen.

- Wie lange dauerte deine längste Wanderung? Wo bist du gewandert?
- Welche Lieder oder Reime kennst du, die besonders gut zum Wandern passen?
- Was denkst du, warum man beim Wandern oft Lieder singt oder Sprechverse aufsagt?

Hinweise zu den Kopiervorlagen

KV Seite 28

Kreuz und quer
Mit dieser Kopiervorlage wird das Leseverständnis geprüft. Die Kinder müssen die fehlenden Wörter von den Seiten 22 bis 27 der Lektüre finden und in das Kreuzworträtsel eintragen. Besprechen Sie, dass alle Buchstaben im Rätsel großgeschrieben werden. Die Buchstaben in den grau eingefärbten Kästchen bilden ein Lösungswort zur Selbstkontrolle.

Lösung

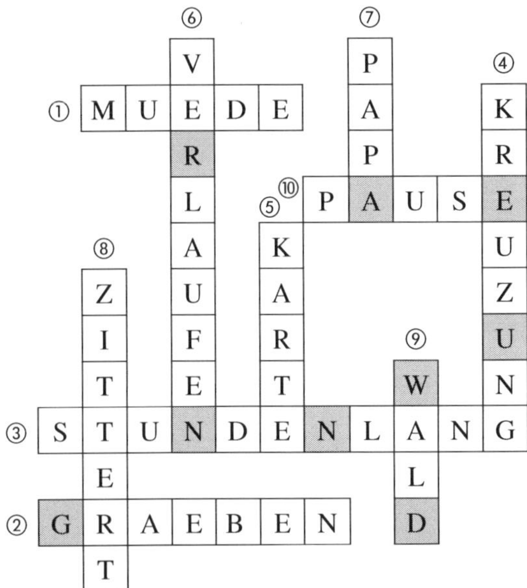

Lösungssatz:
DIE FAMILIE MACHT EINE WANDERUNG.

Bewegungsspiel – Wir gehen in den Wald
Eine Bewegungseinheit unterstützt die Konzentration und macht Spaß. Bevor die Klasse das Bewegungsspiel umsetzt, müssen den einzelnen Sätzen Bewegungen zugeordnet werden. Dazu schneiden die Kinder die Piktogramme aus und kleben sie auf die Felder neben dem Text. Stärkere Schüler können dies in Partnerarbeit erledigen, ansonsten wird im Plenum gearbeitet. Anschließend kann das Spiel durchgeführt werden. Erweitern Sie es nach Belieben durch das „Suchen und Entdecken" weiterer Tiere wie z. B. Fuchs, Dachs oder Eule.

Lösung

Wir machen heute eine Wanderung. (auf der Stelle laufen)
Zuerst fahren wir mit den Fahrrädern zum Wald. (auf den Rücken legen und mit den Beinen in die Luft treten)
Dann laufen wir in den Wald hinein. (auf der Stelle laufen)
Wir suchen nach einem Tier. (Hand über die Augen halten)
Schaut! Da steht ein Reh! (mit dem Finger nach vorn zeigen)
Leise schleichen wir heran. (auf der Stelle schleichen)
Das Reh springt davon. (auf der Stelle hüpfen)
Wir suchen nach einem anderen Tier. (Hand über die Augen halten)
Schaut! Auf dem Baum sitzt ein Eichhörnchen. (mit dem Finger nach vorn zeigen)
Leise schleichen wir heran. (auf der Stelle schleichen)
Das Eichhörnchen springt davon. (auf der Stelle hüpfen)
Wir laufen zu unseren Fahrrädern zurück. (auf der Stelle laufen)
Dann fahren wir mit den Rädern nach Hause.
Was für ein schöner Ausflug! (auf den Rücken legen und mit den Beinen in die Luft treten)

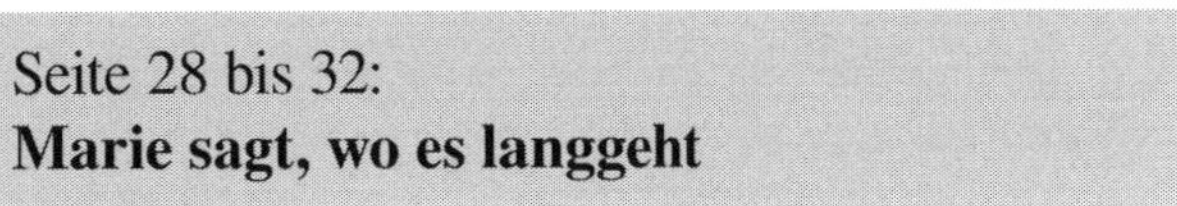

Seite 28 bis 32: **Marie sagt, wo es langgeht**

Inhalt

Papa versucht vergeblich, den richtigen Weg auf der Karte zu finden. Deshalb geht nun Marie voran und zeigt ihrer Familie den Rückweg. Vom langen Laufen erschöpft, freuen sich alle, als sie beim Parkplatz ankommen und ihr aufregender Ausflug beendet ist.

Gesprächs- oder Schreibanlass

Die Familie fährt wieder nach Hause.

- Wem könnten Janna und Marie von ihrem aufregenden Ausflug erzählen? Was sagt Janna über Marie? Was erzählt Marie über Janna?
- Was werden die Kinder zu Hause als Erstes machen?
- Was könnte die Familie tun, um sich immer an den Ausflug zu erinnern?

Hinweise zu den Kopiervorlagen

Baum und Bäume

Die Seiten 30 und 31 der Lektüre bieten sich an, um die Pluralbildung zu thematisieren. Die Kinder schreiben dazu Wörter, die sie auf den Seiten im Plural finden, auch im Singular auf. Vor jedem Wort muss der Artikel gesetzt werden. So können die Schüler nun eine Regel für den Artikel im Plural ableiten und aufschreiben. Führen Sie die Übung fort, indem Sie die Schüler Dinge, die auf Seite 32 der Lektüre zu sehen sind, mit den jeweils zugehörigen Begleitern im Singular und im Plural ins Heft schreiben lassen (z. B.: das Auto – die Autos, die Biene – die Bienen).

Lösung

Aufgabe 1:
der Baum – die Bäume
der Busch – die Büsche
der Stein – die Steine

Aufgabe 2:
der Fuß – die Füße

Aufgabe 3:
In der Mehrzahl verwenden wir immer den Artikel „die".

So war das!

Die Kinder schreiben aus der Perspektive von Janna und Marie auf, wie ihnen der Ausflug gefallen hat. Dazu ergänzen sie die vorgegebenen Satzmuster. Zur Differenzierung lassen Sie schnellere Schüler zusätzlich aus der Perspektive von Mama, Papa oder Tim berichten.

Lösung

z. B. Janna: Der Ausflug war für mich schön, aber sehr lang. Ich hatte etwas Angst, weil Papa den Weg nicht wusste. Marie war toll, denn sie kannte den Rückweg.
Marie: Der Ausflug war für mich super, aber viel zu lang. Ich fühlte mich froh, weil ich den Weg zurück kannte. Janna war unglücklich, weil wir uns verlaufen hatten.

Nach der Lektüre

Mein Ausflug

Unternehmen Sie zum Abschluss der Lektüre mit Ihrer Klasse einen Ausflug in den Wald. Als Erinnerung an dieses Gemeinschaftserlebnis dient das Arbeitsblatt, das die Kinder nach dem Ausflug ausfüllen. Dabei halten sie ihre Eindrücke in einem Bild fest und beschreiben die Eckdaten und ihre Eindrücke des Ausflugs.

Bei Ihrer Unternehmung können Sie einige der folgenden Ideen aufgreifen.

- Waldsuchschachtel: Die Schüler sammeln etwas Weiches (Buntes, Hartes, Kleines etc.), legen es in eine Eier- oder eine andere Schachtel und beschriften diese.
- Tierrätsel: Ein Kind überlegt sich ein Tier. Die anderen sollen es erraten. Es dürfen nur Fragen gestellt werden, auf die mit „ja" oder „nein" geantwortet werden kann.
- Laufolympiade: Die Schüler hüpfen ein Stück des Weges auf einem Bein, gehen rückwärts, schlagen ein Rad oder bewegen sich wie ein Tier. Verboten ist nur normales Laufen.
- Mandala legen: Die Kinder suchen Steine, Stöckchen, Blätter sowie Beeren und legen alles zu einem fantasievollen Muster. Ihre Werke werden fotografiert.
- Ein Hut, ein Stock, ein Schirm, ein Mann: Folgender Vers wird laut gesprochen: „Und 1 und 2 und 3 und 4 und 5 und 6 und 7 und 8. – Ein Hut, ein Stock, ein Schirm, ein Mann, vor, zurück, zur Seite, ran." Zu jeder Silbe wird ein Schritt gelaufen. Bei „vor, zurück, zur Seite, ran" befolgt der rechte Fuß diese Anweisungen.
- Walddetektive: Die Kinder suchen und fotografieren Spuren von Tieren. Das können Abdrücke auf dem Boden sein, aber auch angeknabberte Zapfen oder Reste von Spinnennetzen. Auch den Geräuschen des Waldes kann gelauscht werden.
- Tiere aus Waldmaterialien: Mit Dingen aus dem Wald werden Tierfiguren gelegt, z. B. ein Eichhörnchen aus roten Blättern, ein Igel aus Zweigen und Tannenzapfen, eine Mäusefamilie aus Steinen und Fichtennadeln. Die entstandenen Werke werden fotografiert.

Papa kennt den Weg

Name:

Auf dem Buchumschlag entdeckt

Hier siehst du den Umschlag des Buches. Was kannst du darauf entdecken? Schreibe auf. Die Expertenkarten unten helfen dir.

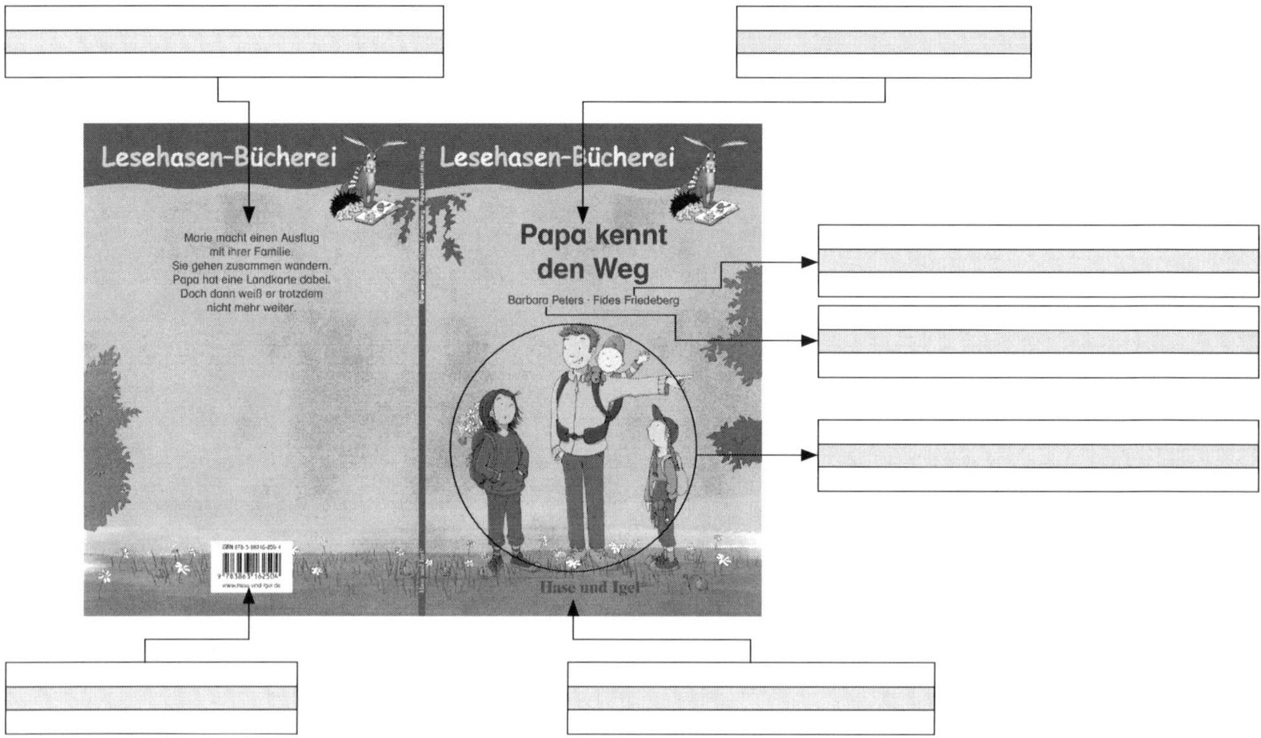

Expertenkarten

Verlag
Dieses Unternehmen hat das Buch hergestellt, gedruckt und verkauft.

Illustratorin
Die Illustratorin hat die Bilder für das Buch gezeichnet.

Autorin
Die Autorin hat sich die Geschichte ausgedacht und sie aufgeschrieben.

Klappentext
Hier steht, worum es in dem Buch geht. Das Ende wird aber nicht verraten.

Titel
Das ist die Überschrift des Buches.

ISBN
Mit dieser Nummer kann man das Buch schnell im Internet oder in der Bücherei finden.
Jedes Buch hat eine **I**nternationale **S**tandard**b**uch**n**ummer.

Titelbild
Es zeigt ein Bild, das zu der Geschichte passt.

Name:

lesen

schreiben

vorspielen
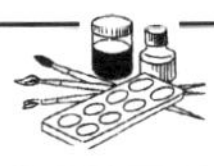
malen

rätseln

basteln

Meine Familie

Wer gehört zur Familie? Schreibe die Namen auf.

Male deine eigene Familie auf ein Blatt. Schreibe die Namen zu jeder Person.

Beantworte die beiden Fragen.

Was magst du an deiner Familie besonders?

Was machst du gern mit deiner Familie?

Name:

lesen schreiben vorspielen malen rätseln **basteln**

Alles eingepackt (1)

Was brauchst du für eine Wanderung?

Bastle deinen Rucksack: Schneide den Streifen aus. Lege ihn mit dem Bild nach unten auf den Tisch. Falte das obere und das untere Ende genau bis zur Mitte.

Schneide die Bildkarten aus. Klebe die Dinge in den Rucksack, die du zum Wandern mitnimmst.

Was würdest du außerdem zum Wandern in deinen Rucksack packen? Schreibe auf.

Bringe die Vorbereitungen für die Waldwanderung in die richtige Reihenfolge. Nummeriere.

Als Zweites hole ich für den Ausflug einen großen Rucksack.	Zuerst ziehe ich eine lange Hose an. Im Wald gibt es Zecken.	In den Rucksack packe ich Essen und Getränke.
Zum Schluss ziehe ich feste Schuhe an. Jetzt kann der Ausflug beginnen!	Bevor ich meine Schuhe anziehe, gehe ich noch einmal auf die Toilette.	Der Rucksack ist fertig gepackt. Im Wald ist es kalt. Deshalb nehme ich eine Jacke mit.

Alles eingepackt (2)

Name:

lesen schreiben vorspielen malen rätseln basteln

Der Leseweg

Was ist bisher passiert? Schneide die Kärtchen unten aus. Klebe sie in der richtigen Reihenfolge auf den Leseweg.

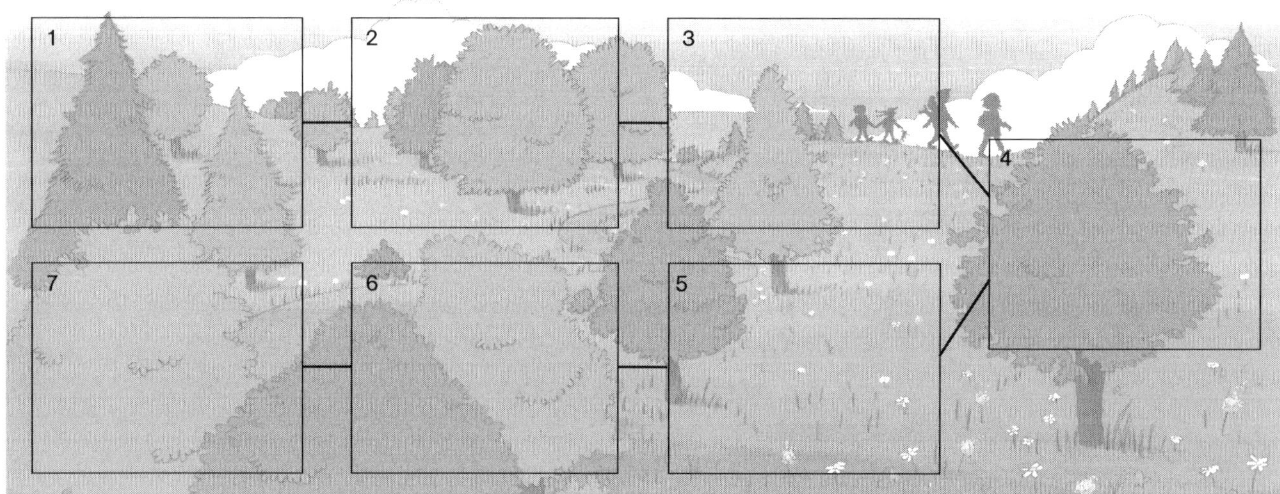

Lies die Lösungsbuchstaben von hinten. Schreibe das Wort richtig auf.

Die Familie macht einen ____________________.

✂

Janna ist besorgt. Sie weiß nicht, wie sie den Weg finden sollen. (U)	Papa setzt Tim in die Trage. Die anderen nehmen ihre Rucksäcke. (F)	Janna und Marie warten an der Tür. Sie wollen endlich los. (G)	Mama packt ihren Rucksack. Papa wickelt Tim. (U)
Mit dem Auto fährt die Familie zum Wald. (L)	Papa zeigt eine Wanderkarte. Darauf sind bunte Flecken und Linien. (A)	Die Familie möchte durch den Wald und über die Wiesen laufen. (S)	

Name:

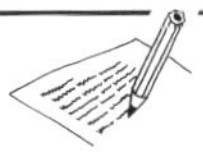

lesen **schreiben** vorspielen malen rätseln basteln

Es gibt Regeln

Janna, Marie, Tim, Papa und Mama gehen in den Wald.

Was muss die Familie beachten? Kreise jeweils den richtigen Buchstaben oder das richtige Satzzeichen ein.

	ja	nein
1. Lass keinen Müll liegen.	R	S
2. Man darf mit dem Auto in den Wald fahren.	E	I
3. Du darfst alles abreißen, was dir gefällt.	L	C
4. Verhalte dich leise im Wald.	H	A
5. Bleibe auf vorgegebenen Wegen.	T	N
6. Mit der Trillerpfeife lockst du Tiere zu dir.	O	I
7. Entfache kein Feuer.	G	R
8. Nimm Rücksicht auf andere Waldbesucher.	!	?

Trage die Buchstaben und das Satzzeichen der Reihe nach ein. So erhältst du den Lösungssatz.

DU VERHÄLTST DICH 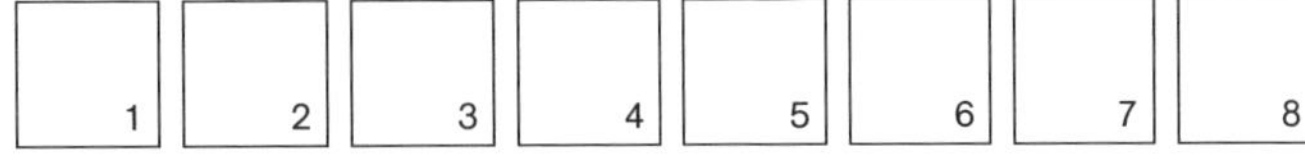

Schau dir die Karte in deinem Buch auf Seite 12 und 13 genau an. Kannst du die Farben und Formen entschlüsseln? Schreibe als Liste in dein Heft.

Beispiel
braune Flecken: Felder für die Landwirtschaft

Name:

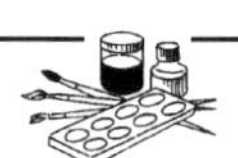

lesen **schreiben** vorspielen malen rätseln basteln

Jacke und Flecken

Welche Wörter mit „ck“ gibt es? Sprich mit einem Partner.
Schreibe eure Ideen in den Rucksack.

Immer drei Reimwörter passen zusammen.
Schreibe sie als Gruppe in dein Heft. Markiere
„ck“. Setze einen Punkt unter den kurzen Vokal vor „ck“.

Findest du noch weitere Reimwörter?

Socken	schicken	Jacken	Schnecke	Stock
trocken	Mücken	Hecke	packen	
Brücken	nicken	backen	hocken	Rock
Rücken	Decke	Block	picken	

Name:

lesen **schreiben** vorspielen malen rätseln **basteln**

Natur im Blick

Bastle einen Briefumschlag. Klebe ihn hier ein.

Suche fünf Wörter, die zur Natur passen. Lies dazu im Buch auf den Seiten 10 bis 13 nach. Schreibe die Wörter auf Wortkarten. Lege die Karten in deinen Umschlag.

Trage die Naturwörter von den Wortkarten in die Linien ein. Markiere die Aufpass-Stellen gelb.

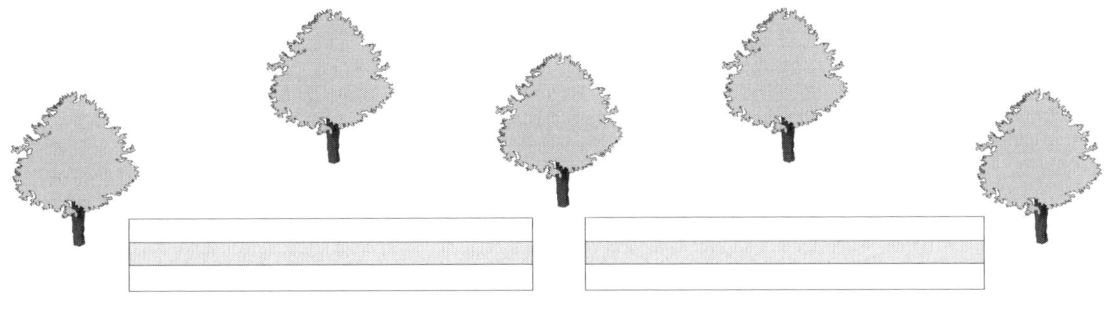

Setze oben unter die Naturwörter Silbenbogen.

Name:

lesen schreiben vorspielen malen rätseln basteln

Unterwegs sein

Fülle die Lücken. Lies dazu auf Seite 14 in deinem Buch nach.

Mama, Papa, Janna und Marie ______ los.

Sie ______ in den Wald hinein.

Dann ______ sie über eine Wiese.

Diese Wörter gehören zum Wortfeld „gehen". Wie kann man noch gehen? Schreibe deine Ideen auf.

gehen

Spure oben schnelle Wörter rot nach und langsame grün. Welche Wörter bleiben übrig? Schreibe sie auf.

Spielt Pantomime mit den Wörtern zum Wortfeld „gehen".

Name:

 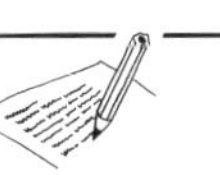 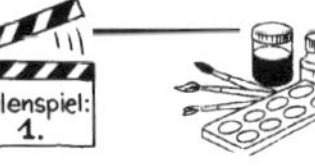  

lesen **schreiben** **vorspielen** malen rätseln basteln

Gefühle im Gesicht

Janna ist immer noch besorgt. Warum? Schreibe auf.

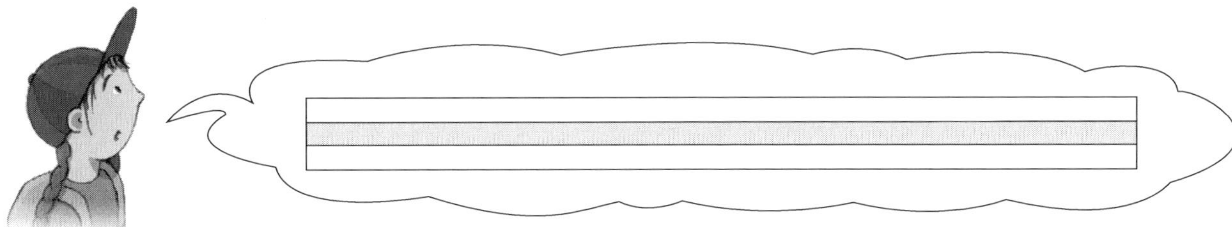

Welche Gefühle außer der Sorge kennst du noch? Schreibe auf.

Gefühle können wir oft im Gesicht erkennen. Spiele mit einem Partner „Gefühle zeigen“.

So geht es:

- Ein Partner überlegt sich ein Gefühl.
- Er versucht, das Gefühl mit seinem Gesicht zu zeigen.
- Der andere Partner achtet auf Augen und Mund. Dann schreibt er auf, was er beobachtet hat.

Gefühl	

Name:

lesen **schreiben** vorspielen malen rätseln basteln

Ein Spaziergang

Lies das Gedicht zweimal.

Spaziergang im Wald

Wir wollen heut' spazieren geh'n
und dabei viele Tiere seh'n.
Da vorne steht ein junges Reh,
das frisst ganz still vom grünen Klee.
Ein Wildschwein – hops – springt in den Matsch.
Dabei ertönt ein lautes: Platsch!
Müd' sitzt die Eule auf dem Baum.
Sie träumt den allerschönsten Traum.

Wie geht das Gedicht weiter? Setze die Reimwörter aus dem Kasten an die richtige Stelle.

Blatt	schwer	Maus	Schlange	Rast

Aus ihrem Loch huscht schnell heraus,
die freche kleine, graue ________.
Die Raupe kriecht über den Ast,
danach macht sie ein wenig ________.
Der schwarze Käfer ist schon satt,
er hat gefressen von dem ________.
Ein bunter Falter fliegt umher,
das fällt ihm wirklich gar nicht ________.
Zum Schluss wird uns ein wenig bange –
ssss! Denn über'n Weg kriecht eine ________.

Name:

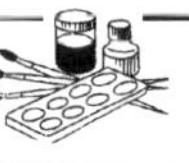

lesen | schreiben | vorspielen | malen | rätseln | basteln

Picknickpause

Janna, Marie und ihre Familie machen Pause.

Was passiert? Bringe die Sätze in die richtige Reihenfolge.

	E	Mama zeigt nach rechts. Das ist der Weg zum Auto.
	U	Danach pflückt Marie einen Strauß Blumen.
1	B	Alle haben Hunger und Durst. Deshalb essen und trinken sie.
	N	Papa schaut auf die Karte. Er zeigt nach links.
	L	Dabei sitzen sie in der Sonne.
	M	Später wollen sie weiterwandern.

Trage die Lösungsbuchstaben passend in die Kästchen ein.

MARIE PFLÜCKT 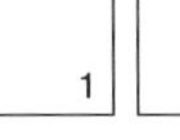     .

Was isst und trinkt die Familie beim Picknick? Suche im Buch danach. Male und schreibe die Dinge auf die Picknickdecke.

Name:

lesen schreiben vorspielen **malen** **rätseln** basteln

Schau genau!

Finde acht Fehler im rechten Bild. Kreise sie farbig ein.

Male die Felder an: 1 = gelb, 2 = rot. Führe das Muster fort.

	2	2			2	2													
2	1	1	2	2	1	1	2												
2	1	1	2	2	1	1	2												
	2	2			2	2													

Erfinde dein eigenes Muster.

Wo ist …?

Schau dir das Bildgitter genau an. Fülle dann die Lücken im Text. Nutze dazu diese Wörter: Mitte, rechts, links, unter, über, zwischen.

Es gibt mehrere richtige Lösungen.

Der ist rechts von den Schuhen.

Der ist ______________________.

Der ist ______________________.

Das ist ______________________.

Die ist ______________________.

Die sind ______________________.

Die ist ______________________.

Die sind ______________________.

Die sind ______________________.

Was sieht Janna links und was rechts? Schreibe ganze Sätze in dein Heft. Überlege dann, was Marie links und rechts sieht.

Name:

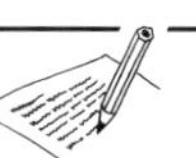

lesen **schreiben** vorspielen malen **rätseln** basteln

Kreuz und quer

Hast du die Seiten 22 bis 27 genau gelesen? Löse das Kreuzworträtsel und ergänze den Lösungssatz.

Achtung:
Ä = AE,
Ü = UE!

1. Marie und Janna sind … vom vielen Laufen.
2. Sie springen über …
3. Sie laufen …
4. An einer … bleibt Papa stehen.
5. Er schaut auf die …
6. Janna stellt fest: „Wir haben uns …!"
7. … schaut wieder auf die Karte und überlegt.
8. Jannas Stimme …
9. „Müssen wir jetzt immer hier im … bleiben?", fragt Janna.
10. Marie sagt: „Dort vorn haben wir … gemacht."

Lösungssatz:

DIE FAMILIE MACHT EINE [1] [2] [3] [4] [5] [6] [7] [8] [9].

Name:

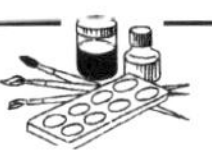

lesen schreiben **vorspielen** malen rätseln basteln

Bewegungsspiel – Wir gehen in den Wald

Lest den Text. Ordnet jeder Zeile eine Bewegung zu. Klebt das passende Bild dazu.

Wir machen heute eine Wanderung.

Zuerst fahren wir mit den Fahrrädern zum Wald.

Dann laufen wir in den Wald hinein.

Wir suchen nach einem Tier.

Schaut! Da steht ein Reh!

Leise schleichen wir heran.

Das Reh springt davon.

Wir suchen nach einem anderen Tier.

Schaut! Auf dem Baum sitzt ein Eichhörnchen.

Leise schleichen wir heran.

Das Eichhörnchen springt davon.

Wir laufen zu unseren Fahrrädern zurück.

Dann fahren wir mit den
Rädern nach Hause. Was für ein schöner Ausflug!

Name:

lesen **schreiben** vorspielen **malen** rätseln basteln

Baum und Bäume

Marie zeigt ihrer Familie den Rückweg.

Was sieht Marie? Schreibe in der Einzahl und in der Mehrzahl auf. Denke auch an die Artikel (Begleiter).

Bild	Einzahl	Mehrzahl
	der	die

Lies Seite 31 im Buch. Welches Wort steht dort in der Mehrzahl? Male es. Schreibe es in der Einzahl und Mehrzahl auf.

Bild	Einzahl	Mehrzahl

Markiere oben die Artikel bei den Wörtern in der Mehrzahl. Was fällt dir auf? Schreibe die Regel auf.

Name: 

lesen **schreiben** vorspielen malen rätseln basteln

So war das!

Was denkst du: Wie hat der Ausflug Janna und Marie gefallen? Schreibe auf.

Denke an den Punkt am Satzende.

Der Ausflug war für mich ____________

____

Ich hatte etwas ____________,

weil ____________

Marie war ____________

____

Der Ausflug war für mich ____________

____

Ich fühlte mich ____________,

weil ____________

Janna war ____________

____

Name:

Mein Ausflug

Welche Erinnerungen bringst du von deinem Ausflug mit? Schreibe und male.

An diesem Tag war der Ausflug:

Beim Ausflug waren dabei:

Hier waren wir:

So lange dauerte der Ausflug:

So war das Wetter:

 ☐  ☐  ☐  ☐  ☐  ☐  ☐

Das habe ich gesehen / Das haben wir gemacht:

Das war besonders toll: